Die GlücksStrategie

Dieses Buch gehört

ISBN 978-3-649-61941-3

Covermotiv: www.shutterstock.com

Textsatz: Internetlitho

Printed in China

www.coppenrath.de

Die GlücksStrategie

Stärke deine Stärken

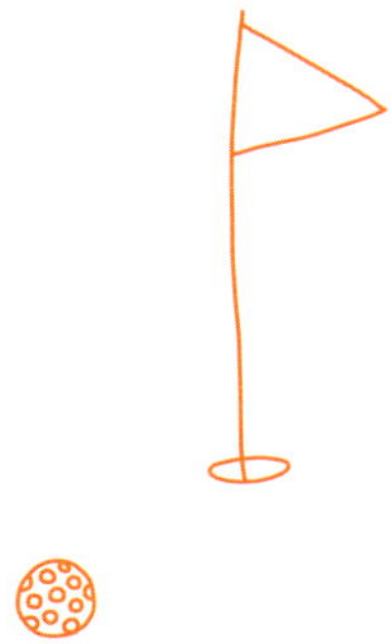

Utho Creusen & Wolfgang Stockhinger

COPPENRATH

Inhaltsverzeichnis

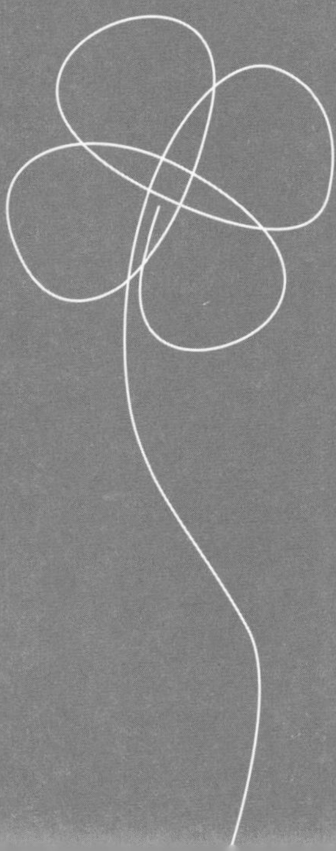

Vorwort

Sie stehen mitten im Leben? Ausbildung oder Studium liegen längst hinter Ihnen? Sie haben die ersten beruflichen Hürden bereits genommen? Und jetzt suchen Sie nach Möglichkeiten, wie Sie Ihr Leben noch besser gestalten und dabei Glück und Zufriedenheit empfinden können?

Dann ist dieser Leitfaden perfekt für Sie!

Hier finden Sie einen Weg, wie Sie Ihre Stärken fördern und wie Sie mit Ihren Schwächen optimal umgehen können. Und den können Sie sowohl auf Ihr Privatleben als auch auf Ihren Beruf anwenden.

Was Sie dazu brauchen?

Zunächst einmal Interesse für Neues. Aber auch etwas Zeit. Und das nicht nur einmal. Da es sich um ein „Workbook“, also um ein „Arbeitsbuch“ handelt, erfordert es Ihre Mitarbeit – bei Übungen, die Ihnen helfen werden, die Tipps aus diesem Buch auf Ihr Leben zu übertragen. Sie brauchen also auch etwas Geduld und Durchhaltevermögen.

Am Ziel winkt Ihnen dafür eine schöne Belohnung für Ihre Mühen: Sie werden klare Vorstellungen haben über Ihre persönlichen Stärken, Sie werden wissen, wie Sie diese Stärken am besten in Ihr Leben einbringen können, und Sie werden auch Wege gefunden haben, mit Ihren Schwächen geschickt umzugehen.

Also dann: Nicht lange zögern und los!

Das Geheimnis der Zufriedenheit

Es kamen einmal ein paar Suchende zu einem alten Meister. „Herr“, fragten sie, „was machst du, um glücklich und zufrieden zu sein? Wir wären auch gerne so glücklich wie du.“

Der Alte antwortete mit mildem Lächeln: „Wenn ich liege, dann liege ich. Wenn ich aufstehe, dann stehe ich auf. Wenn ich gehe, dann gehe ich, und wenn ich esse, dann esse ich.“

Die Fragenden schauten etwas betreten in die Runde. Einer platzte heraus: „Bitte, treibe keinen Spott mit uns. Was du sagst, machen wir auch. Wir schlafen, essen und gehen. Aber wir sind nicht glücklich. Was ist also dein Geheimnis?“

Es kam die gleiche Antwort: „Wenn ich liege, dann liege ich. Wenn ich aufstehe, dann stehe ich auf. Wenn ich gehe, dann gehe ich, und wenn ich esse, dann esse ich.“

Die Unruhe und den Unmut der Suchenden spürend, fügte der Meister nach einer Weile hinzu: „Sicher liegt auch ihr und ihr geht auch und ihr esst. Aber während ihr liegt, denkt ihr schon ans Aufstehen. Während ihr aufsteht, überlegt ihr, wohin ihr geht, und während ihr geht, fragt ihr euch, was ihr essen werdet. So sind eure Gedanken ständig woanders und nicht da, wo ihr gerade seid. In dem Schnittpunkt zwischen Vergangenheit und Zukunft findet das eigentliche Leben statt. Lasst euch auf diesen nicht messbaren Augenblick ganz ein und ihr habt die Chance, wirklich glücklich und zufrieden zu sein.“

Weisheitsgeschichte

I. Einführung

Stärken und Schwächen

Jeder von uns hat Stärken und Schwächen. Das wissen wir alle. Was aber sollte man tun, um sich zu verbessern? Was ist die richtige Vorgehensweise, die richtige „Strategie"? Da gehen die Meinungen auseinander.

In der Schule und von den Eltern hörten wir früher immer wieder: Arbeite an deinen Schwächen!

Stellen Sie sich ein Kind mit diesen schulischen Leistungen vor: Englisch sehr gut, Geografie befriedigend, Mathematik ungenügend. Woran sollte dieses Kind nun arbeiten? Klar! An den Schwächen, also: Mathematik!

Wir haben gelernt: Um besser, um erfolgreicher, um zufriedener zu werden, müssen wir unsere Schwächen ausmerzen.

Neuere Forschungen haben aber gezeigt: Das Gegenteil ist der Fall! Erfolgreich werden wir nur über unsere Stärken! Das, worin wir besonders gut sind und wir besondere Begabungen haben. Was wir gerne tun. Wodurch wir uns von anderen unterscheiden.

Stellen Sie sich einmal Folgendes vor: Paul McCartney, Boris Becker und Michael Schumacher sitzen als junge Männer bei einem Persönlichkeitstest. Da wäre vielleicht als Ergebnis herausgekommen:

Paul McCartney: Musik gut, aber Geografie schlecht. Also: Ab zum Geografie Pauken!

Boris Becker: Sport gut, aber Musik schlecht! Also Geigenunterricht!

Und Michael Schumacher: Ok, Kart fahren kann er gut, aber Mathe muss er noch üben!

Die Beispiele sollen zeigen: Richtig gute Leistungen können wir nur in den Bereichen erbringen, in denen wir bereits ein Talent, eine Begabung haben. Diese kann dann weiterentwickelt und verfeinert werden zu einer Stärke.

Wenn wir dagegen an unseren Schwächen arbeiten, werden wir anschließend in diesem Bereich bestenfalls Durchschnitt sein. Wir werden diejenigen, die dort bereits Talent mitbringen, nie überflügeln können.

Zugegeben, nicht jeder ist ein Boris Becker oder ein Michael Schumacher. Aber jeder hat Talente und Fähigkeiten, die weiterentwickelt werden können. Und jeder hat einen speziellen, ganz persönlichen Mix aus Talenten, Stärken und Eigenarten, die ihn von anderen unterscheiden. Das Ziel lautet daher nicht: Werde so, wie alle sind. Und auch nicht: Werde so wie jemand anderes. Sondern: Werde so, wie *nur du* sein kannst, und nutze dazu die Kombination *deiner* Stärken! Werde der Beste, der *du* sein kannst.

Deshalb befassen wir uns zunächst mit Ihren Stärken. Nur über Ihre Stärken werden Sie Erfolg und Zufriedenheit erreichen können.

Und unsere Schwächen? Können unsere Schwächen uns nicht am Erfolg hindern? Ja und Nein. Es gibt Schwächen, die eigentlich gar keine Schwächen sind, weil Sie uns nicht behindern. Dass Michael Schumacher vielleicht schlecht Tennis spielt, ist für ihn als Rennfahrer keine Schwäche. Es ist eine „Nicht-Stärke", aber für ihn ohne Belang.

Anders dagegen, wenn eine Schwäche Ihren Erfolg einschränkt, wenn diese Schwäche zu einem Engpass führt. Dann müssen Sie etwas dagegen tun! Doch dazu später mehr. Zuerst geht es einmal um Ihre Stärken.

Kenne deine Grenzen

Ein Mann steht am Pier und angelt. Leute gehen hin und her, und er hat das Glück, dass er nach kurzer Zeit schon einen Fisch fängt. Zufrieden lässt er ihn in seinen Eimer gleiten.

Dann wirft er die Angel wieder ins Meer. Plötzlich hat er das Gefühl, es beißt ein großer Fisch an, der Traum eines jeden Anglers. Er kämpft mit dem Fisch, zieht ihn heran, lässt wieder locker, zieht wieder an. Die Leute am Strand werden aufmerksam und beobachten den Kampf. Zum Schluss kriegt er den Fisch, der ist 1,20 m lang, und der Mann ist überglücklich. Alle gratulieren ihm und wollen ein Foto mit ihm machen, und er selbst strahlt übers ganze Gesicht: das Glück eines Anglers, einen solchen kapitalen Fisch zu fangen.

Da löst er den Haken aus dem Fisch, nimmt das Tier und wirft es wieder zurück ins Meer. Und alle sagen: „Was ist los, bist du verrückt? Warum machst du das?“

Da antwortet er: „Meine Pfanne ist nur 20 cm groß.“

Weisheitsgeschichte

II. Stärken

Die eigenen Stärken kennen

Beginnen wir also bei Ihren Stärken. Gehen Sie einmal bewusst auf die Suche nach ihnen. Was können Sie besonders gut? Was tun Sie besonders gerne? Wodurch unterscheiden Sie sich von vielen Ihrer Freunde oder Kollegen? Sammeln Sie alles, was Ihnen spontan in den Sinn kommt. Ordnen und Aussortieren kommt später. Falls der Platz in diesem Buch nicht ausreicht, nehmen Sie einfach ein zusätzliches Blatt Papier zur Hand, ein Heft, oder schreiben Sie in Ihren Computer. Schreiben Sie so viel, wie Ihnen einfällt, egal wie lang die Liste wird. Und wiederholen Sie diese Übung in regelmäßigen Abständen immer mal wieder – so können Sie die Entwicklung in Ihrer persönlichen Selbsteinschätzung protokollieren.

Das Leben besteht aus vielen kleinen Münzen,
und wer sie aufzuheben weiß,
hat ein Vermögen.

JEAN ANOUILH

Meine Stärken | Erste spontane Sammlung

Meine Stärken | Sammlung vom ....

- ×
- ×
- ×
- ×
- ×
- ×
- ×
- ×
- ×
- ×
- ×

Meine Stärken | Sammlung vom ....

Was machen Sie gerne?

Die zweite Übung erfordert ebenfalls eine Liste. Nutzen Sie dafür die folgenden Seiten. Sie können die Übung auch später immer wiederholen, um zu sehen, wie sich Ihre Stärken im Laufe der Zeit durch die Übungen in diesem Buch entwickeln.

Beobachten Sie sich selbst und halten Sie in Stichworten fest, welche Situationen für Sie besonders zufriedenstellend sind. Konzentrieren Sie sich zunächst ganz auf das, was Sie gerne tun, was Ihnen Freude macht und Sie begeistert.

Der Schlüssel zum Glück
liegt im Handeln,
nicht in Worten.

Louis R. Hughes

Was ich gerne mache | Erste spontane Sammlung

- ✗ ______________________________
- ✗ ______________________________
- ✗ ______________________________
- ✗ ______________________________
- ✗ ______________________________
- ✗ ______________________________
- ✗ ______________________________
- ✗ ______________________________
- ✗ ______________________________
- ✗ ______________________________
- ✗ ______________________________

Was ich gerne mache | Sammlung vom ....

Was ich gerne mache | Sammlung vom ....

Wie halten andere für Ihre Stärken?

Um Ihre Suche nach den eigenen Stärken fortzusetzen, sollten Sie auch andere Personen fragen. Doch ebenso wichtig ist es, selber einzuschätzen, wie man von anderen wahrgenommen wird. Was denken Sie, wie Ihre Lebenspartner, Kinder, Eltern oder Freunde Ihre Stärken einschätzen würden? Schreiben Sie auf den folgenden Seiten Ihre Notizen dazu auf, bezogen auf verschiedene Personen:

Ein gutes Wort
kann einen Menschen
glücklich machen.

WLADIMIR TENDRJAKOW

Ich glaube, das hält .... für meine Stärken

- ______________________________
- ______________________________
- ______________________________
- ______________________________
- ______________________________

Ich glaube, das hält .... für meine Stärken

- ______________________________
- ______________________________
- ______________________________
- ______________________________
- ______________________________

Ich glaube, das hält .... für meine Stärken

- x ____________________
- x ____________________
- x ____________________
- x ____________________
- x ____________________

Ich glaube, das hält .... für meine Stärken

- x ____________________
- x ____________________
- x ____________________
- x ____________________
- x ____________________

An uns liegt es

Ein Wanderer traf auf seinem Weg einen Hirten und fragte ihn: „Wie wird das Wetter heute wohl?"

„So, wie ich es gerne habe", antwortete der Schäfer.

„Woher weißt du, dass das Wetter so sein wird, wie du es liebst?"

„Ich habe die Erfahrung gemacht, mein Freund, dass ich nicht immer das bekommen kann, was ich gerne möchte. Also habe ich gelernt, immer das zu mögen, was ich bekomme. Deshalb bin ich ganz sicher: Das Wetter wird heute so sein, wie ich es mag."

Weisheitsgeschichte

So sehen andere Sie wirklich

Um Ihre Selbsteinschätzung mit der Realität zu vergleichen, fragen Sie nun die Personen, zu deren Meinungen Sie Vermutungen angestellt haben. Außenstehende erkennen oft besser als wir selbst, was unsere spezifischen Eigenarten sind. Sammeln Sie auch deren Aussagen auf den folgenden Seiten. Vielleicht erleben Sie ja die eine oder andere Überraschung, wenn Sie Ihre Einschätzung mit diesen Notizen vergleichen.

Ein Freund ist ein Mensch,
vor dem man laut denken kann.

RALPH WALDO EMERSON

Meine Stärken aus der Sicht von ....

- ______________________________
- ______________________________
- ______________________________
- ______________________________
- ______________________________

Meine Stärken aus der Sicht von ....

- ______________________________
- ______________________________
- ______________________________
- ______________________________
- ______________________________

Übung 4

Meine Stärken aus der Sicht von ....

- ✗ ________________________________
- ✗ ________________________________
- ✗ ________________________________
- ✗ ________________________________
- ✗ ________________________________

Meine Stärken aus der Sicht von ....

- ✗ ________________________________
- ✗ ________________________________
- ✗ ________________________________
- ✗ ________________________________
- ✗ ________________________________

Der Suchende

Es war einmal ein Suchender. Er suchte nach einer Lösung für sein Problem, konnte sie aber nicht finden. Er suchte immer heftiger, immer verbissener, immer schneller und fand sie doch nirgends.

Die Lösung ihrerseits war inzwischen schon ganz außer Atem. Es gelang ihr einfach nicht, den Suchenden einzuholen, bei dem Tempo, mit dem er hin und her raste, ohne auch nur einmal zu verschnaufen oder sich umzusehen.

Eines Tages brach der Suchende mutlos zusammen, setzte sich auf einen Stein, legte den Kopf in die Hände und wollte sich eine Weile ausruhen.

Die Lösung, die schon gar nicht mehr daran geglaubt hatte, dass der Suchende einmal anhalten würde, stolperte mit voller Wucht über ihn! Und er fing auf, was da so plötzlich über ihn hereinbrach, und entdeckte erstaunt, dass er seine Lösung in Händen hielt.

Weisheitsgeschichte

Values in Action

Neben den bisherigen Fragen können auch Tests helfen, die eigenen Stärken herauszufinden. Es gibt inzwischen eine unüberschaubar große Anzahl verschiedenster Persönlichkeitstests. Das macht es schwierig, hilfreiche von unnützen zu unterscheiden. Deshalb möchten wir als weitere Übung einen Test empfehlen, den Sie kostenlos im Internet ausfüllen können.

Der Test heißt *Values in Action*, abgekürzt VIA. Sie finden ihn auf einer Internetseite der Universität Zürich: www.charakterstaerken.org. Das Ausfüllen der 264 Fragen dauert in etwa 30 Minuten.

Ebenfalls sehr gute Erfahrungen haben wir mit dem *Clifton StrengthsFinder* von Gallup gemacht. Auch dieser Test ist sehr gut und wissenschaftlich abgesichert. Allerdings ist er nicht kostenlos. Die Ermittlung Ihrer 5 größten Stärken kostet 9,99 $, und für Ihr persönliches Profil aus 34 Stärken zahlen Sie 89,00 $. Die Internetseite dazu ist www.gallupstrenghtscenter.com.

Meine Stärken | Testergebnis:

1. ________________________________

2. ________________________________

3. ________________________________

4. ________________________________

5. ________________________________

Das Wunderbarste von all dem,
was im Menschen ist,
ist sein Herz;
denn es ordnet sein ganzes Wesen.

AUS 1001 NACHT

Stärkentest PLUS

Sie haben nun einen Überblick über Ihre Stärken und Fähigkeiten gewonnen. Schauen Sie sich noch einmal alles in Ruhe an, und wählen Sie diejenigen aus, von denen Sie glauben, dass es Ihre größten und wichtigsten Stärken sind. Vielleicht ist es nur ein einziger Punkt, der aber dafür umso markanter hervorsticht. Vielleicht sind es auch zwei, drei, vier oder fünf Stärken. Es geht jetzt hier nicht mehr darum, möglichst viele Stärken zu finden, sondern die eine oder die wenigen Stärken herauszufinden, die typisch und charakteristisch für Sie sind. Mit denen Sie sich von anderen unterscheiden. Das, was speziell Sie ausmacht, was Ihnen leicht fällt, was Sie gut können und was Sie immer wieder gerne tun.

Wenn Sie Ihre Auswahl gefunden haben, können Sie noch einmal absichern, ob es sich wirklich um eine Stärke handelt, bei der es sich lohnt, dass Sie sich ganz darauf konzentrieren. Dazu gibt es den Stärkentest PLUS.

PLUS steht für Performen, Lernen, Umsetzen und Spaß haben. Füllen Sie den folgenden Fragebogen aus und zählen Sie am Schluss die Punkte zusammen. Zur Auswertung finden Sie im Anschluss eine Übersicht.

Stärke: ....

	1	2	3	4	5
P = Performen					
1. Ich bin sehr erfolgreich bei der Ausübung dieser Tätigkeit.	☐	☐	☐	☐	☐
2. Ich bekomme von anderen oft das Feedback, dass ich ein Talent für diese Tätigkeit habe.	☐	☐	☐	☐	☐
3. Für diese Tätigkeit habe ich schon oft Lob und Anerkennung bekommen.	☐	☐	☐	☐	☐
L = Lernen					
4. Ich erlerne und verstehe diese Art von Tätigkeit sehr schnell.	☐	☐	☐	☐	☐
5. Ich mache mir ständig Gedanken über diese Tätigkeit.	☐	☐	☐	☐	☐
6. Ich freue mich immer sehr darauf, mir neue Fähigkeiten und Techniken rund um diese Tätigkeit anzueignen.	☐	☐	☐	☐	☐
U = Umsetzen					
7. Ich mache diese Tätigkeit nahezu täglich.	☐	☐	☐	☐	☐
8. Ich übernehme diese Tätigkeit oft freiwillig.	☐	☐	☐	☐	☐
9. Diese Tätigkeit geht mir wirklich leicht von der Hand.	☐	☐	☐	☐	☐
S = Spaß haben					
10. Ich freue mich immer auf diese Tätigkeit.	☐	☐	☐	☐	☐
11. Ich denke gerne und oft an diese Tätigkeit.	☐	☐	☐	☐	☐
12. Die Ausübung dieser Tätigkeit macht mir Spaß und mich zufrieden.	☐	☐	☐	☐	☐

1 = *trifft überhaupt nicht zu* — *trifft vollkommen zu* = 5

Stärkentest PLUS

Das bedeuten die Punktzahlen:

48 Punkte oder höher: Es handelt sich um eine echte Stärke! Es lohnt sich für Sie auf jeden Fall, diese Stärke weiterzuentwickeln und einzusetzen.

36–47 Punkte: Es handelt sich um eine Stärke, die aber erst noch ausgebaut werden sollte. Prüfen Sie deshalb zunächst mithilfe weiterer PLUS-Tests, ob eine andere Stärke eine höhere Punktzahl erhält. Trainieren Sie dann diese Stärke, erlernen Sie weitere damit verbundene Fähigkeiten und eignen Sie sich weiteres Wissen an. Nur so können auch andere Menschen Ihre Talente in Zukunft deutlich wahrnehmen und erkennen, welche besonderen Fähigkeiten Sie haben.

35 oder weniger Punkte: Es handelt sich sehr wahrscheinlich um keine wirkliche Stärke.

Auf der folgenden Seite finden Sie den PLUS-Test noch einmal, für eine weitere Stärke oder zum Kopieren.

Stärke: ....

	1	2	3	4	5
P = Performen					
1. Ich bin sehr erfolgreich bei der Ausübung dieser Tätigkeit.	☐	☐	☐	☐	☐
2. Ich bekomme von anderen oft das Feedback, dass ich ein Talent für diese Tätigkeit habe.	☐	☐	☐	☐	☐
3. Für diese Tätigkeit habe ich schon oft Lob und Anerkennung bekommen.	☐	☐	☐	☐	☐
L = Lernen					
4. Ich erlerne und verstehe diese Art von Tätigkeit sehr schnell.	☐	☐	☐	☐	☐
5. Ich mache mir ständig Gedanken über diese Tätigkeit.	☐	☐	☐	☐	☐
6. Ich freue mich immer sehr darauf, mir neue Fähigkeiten und Techniken rund um diese Tätigkeit anzueignen.	☐	☐	☐	☐	☐
U = Umsetzen					
7. Ich mache diese Tätigkeit nahezu täglich.	☐	☐	☐	☐	☐
8. Ich übernehme diese Tätigkeit oft freiwillig.	☐	☐	☐	☐	☐
9. Diese Tätigkeit geht mir wirklich leicht von der Hand.	☐	☐	☐	☐	☐
S = Spaß haben					
10. Ich freue mich immer auf diese Tätigkeit.	☐	☐	☐	☐	☐
11. Ich denke gerne und oft an diese Tätigkeit.	☐	☐	☐	☐	☐
12. Die Ausübung dieser Tätigkeit macht mir Spaß und mich zufrieden.	☐	☐	☐	☐	☐

1 = *trifft überhaupt nicht zu* — *trifft vollkommen zu* = 5

Ihre Stärken

Gehen Sie nun noch einmal die vorangegangenen Stichwortsammlungen durch und tragen Sie in die folgende Liste ein, welche Eigenschaften Sie nach allen Übungen als Ihre größten Stärken ansehen. Also Fähigkeiten oder Tätigkeiten,

- bei denen Sie sich besonders gut und stark fühlen,
- für die Sie vielleicht schon des Öfteren gelobt wurden,
- die Sie besonders gerne erledigen,
- auf die Sie sich immer wieder freuen und an die Sie sich gerne erinnern,
- die Ihnen leicht von der Hand gehen,
- mit denen Sie sich von vielen anderen unterscheiden.

Sie sollten wenigstens drei Stärken auswählen, aber nicht mehr als fünf.

Wiederholen Sie dies gerne auch in den kommenden Wochen immer wieder.

Das sind meine Stärken | Erste Zusammenfassung:

1.
2.
3.
4.
5.

Das sind meine Stärken | Zusammenfassung vom ....

1.
2.
3.
4.
5.

Das sind meine Stärken | Zusammenfassung vom ....

1. ______________________________

2. ______________________________

3. ______________________________

4. ______________________________

5. ______________________________

Das sind meine Stärken | Zusammenfassung vom ....

1. ______________________________

2. ______________________________

3. ______________________________

4. ______________________________

5. ______________________________

Die Kathedrale

Es waren einmal drei Bauarbeiter, die arbeiteten an einer Großbaustelle.

Ein Fremder fragte den ersten: „Was tun Sie da?"

Der antwortete: „Das sehen Sie doch. Ich behaue Steine. Die beiden muss ich noch bearbeiten, dann habe ich endlich Feierabend."

Der Fremde ging weiter und fragte den Zweiten.

„Ich muss Geld verdienen", antwortete dieser, „schließlich habe ich eine Frau und vier Kinder. Die brauchen etwas zu essen."

Der Fremde fragte auch noch den dritten: „Was tun Sie da?"

Der legte kurz den Hammer nieder, wischte sich den Schweiß ab, zeigte nach oben und antwortete leise und stolz: „Ich baue eine Kathedrale!"

Weisheitsgeschichte

Stärkenentwicklung

Bravo! Sie haben einen ersten wichtigen Schritt abgeschlossen: Sie verfügen jetzt über eine Liste Ihrer größten Stärken.

Wählen Sie nun eine Ihrer Stärken aus, um daran die weitere Vorgehensweise kennenzulernen. Später können Sie das gleiche Verfahren natürlich auch auf weitere Ihrer Stärken anwenden.

Überlegen Sie, was Sie unternehmen könnten, um diese Stärke noch weiter auszubauen. Die nachfolgenden Fragen geben Ihnen dazu einige Anregungen. Sammeln Sie dann – schriftlich – die Punkte, die Sie in Angriff nehmen werden.

Fragenkatalog

- Was kann ich tun, um diese Stärke weiterzuentwickeln und noch häufiger zu nutzen?
- Wen kenne ich, der innerhalb dieser Stärke noch besser ist als ich?
- Kann ich von dieser Person lernen, indem ich sie beobachte?
- Kann ich durch den Austausch mit dieser Person Fähigkeiten, Tipps und Tricks kennenlernen, die mir in Zukunft helfen werden?
- Was kann ich dieser Person bieten? Was fehlt ihr, das ich leisten kann?
- Wo und wie kann ich lernen, meine Stärke weiterzuentwickeln?
- Gibt es dazu nützliche Seminare? Oder Bücher? Oder Homepages?
- Wäre es gut, wenn ich meine Überlegungen mit Freunden oder Kollegen teile?
- Welche weiteren Fragen fallen Ihnen ein? Sammeln Sie Ihre Ideen, indem Sie eine Weile mit wachen Augen durchs Leben gehen und Möglichkeiten suchen, Ihre Talente zu fördern.

Meine ausgewählte Stärke:

Antworten auf die Fragen:

Meine ausgewählte Stärke:

Antworten auf die Fragen:

Meine ausgewählte Stärke:

Antworten auf die Fragen:

Über das Glück

Ein Geschäftsmann kam zum Meister und wollte von ihm wissen, was das Geheimnis eines erfolgreichen Lebens sei.

Der Meister sagte: „Mach jeden Tag einen Menschen glücklich!“

Nach einer Weile fügte er hinzu: „Selbst wenn dieser Mensch du selbst bist.“

Und noch ein wenig später sagte er: „Vor allem, wenn dieser Mensch du selbst bist.“

Weisheitsgeschichte

Zwischen-Stopp: Stärken entwickeln

Achtung! Unsere dringende Empfehlung: Lesen Sie erst weiter, wenn alle vorigen Übungen abgeschlossen sind!

In Ordnung, wenn Sie sehr neugierig sind, können Sie natürlich ein wenig vorblättern. Aber bevor Sie weitere Aufgaben in Ihrem Workbook bearbeiten, sollten Sie alle begonnenen Übungen abgeschlossen haben. Sonst wird das nichts!

Blättern Sie deshalb noch einmal zurück und schauen Sie nach, welche der bisherigen Aufgaben Sie bereits erfüllt haben:

- ☐ Übung 1: *Die eigenen Stärken kennen*
- ☐ Übung 2: *Was machen Sie gerne?*
- ☐ Übung 3: *Was halten andere für Ihre Stärken?*
- ☐ Übung 4: *So sehen andere Sie wirklich*
- ☐ Übung 5: *Values in Action*
- ☐ Übung 6: *Stärkentest PLUS*
- ☐ Übung 7: *Ihre Stärken*
- ☐ Übung 8: *Stärkenentwicklung*

Schließen Sie nun eine Vereinbarung mit sich selbst:

Wann werde ich die noch offenen Punkte bearbeiten?

In welcher Woche werde ich täglich bewusst darauf achten, was ich gut kann, was mir Spaß macht, und dazu Stichpunkte notieren?

Wenn Sie das getan haben und die benannte Woche vorbei ist, lesen und, vor allen Dingen, arbeiten Sie gerne weiter!

Wenn es einen Glauben gibt,
der Berge versetzen kann,
so ist es der Glaube an die eigene Kraft.

Marie von Ebner-Eschenbach

Die Aufgabe

Eine große Trockenheit war über das Land gekommen. Zuerst war das Gras braun und grau geworden. Dann starben Büsche und kleinere Bäume. Kein Regen fiel, der Morgen erwachte ohne die Erfrischung des Taus. Viele Tiere waren verdurstet, denn nur wenige hatten noch die Kraft gehabt, aus dieser Wüste zu fliehen. Die Trockenheit dauerte an. Selbst die stärksten, ältesten Bäume, deren Wurzeln tief in die Erde reichten, verloren ihre Blätter. Alle Brunnen und Flüsse, die Quellen und Bäche waren vertrocknet.

Eine einzige Blume war am Leben geblieben, denn eine ganz kleine Quelle gab noch ein paar Tropfen Wasser. Doch die Quelle verzweifelte: „Alles vertrocknet, verdurstet und stirbt, und ich kann nichts daran ändern. Wozu soll es noch sinnvoll sein, dass ich ein paar Tropfen aus der Erde hole und auf den Boden fallen lasse?"

Ein alter, kräftiger Baum stand in der Nähe. Er hörte die Klage und sagte, bevor er starb, zur Quelle: „Niemand erwartet von dir, dass du die ganze Wüste zum Grünen bringst. Deine Aufgabe ist es, einer einzigen Blume Leben zu geben. Mehr nicht."

Weisheitsgeschichte

III. Hauptaufgaben

Ihre Hauptaufgaben

Sie haben sich nun mit Ihren Stärken befasst und einen ersten Plan gemacht, wie Sie sich in Bezug auf diese Fähigkeiten noch weiter verbessern können.

Wenn Sie aber denken, dass wir uns jetzt mit Ihren Schwächen befassen – weit gefehlt!

Zuerst wenden wir uns den wichtigsten Aufgaben in Ihrem Leben zu. Dazu benötigen Sie eine Übersicht dieser Tätigkeiten.

Darin liegt das Geheimnis
von Glück und Tugend:
Tue gern, was du tun musst!

ALDOUS HUXLEY

Wichtig ist hierbei, die richtige „Flughöhe" zu bestimmen, aus der Sie Ihre täglichen Aktivitäten betrachten. Jede Tätigkeit kann man aus sehr großer Betrachtungshöhe in einem Wort oder einem Satz beschreiben: Verkäufer, Mutter, Coach, Krankenschwester. Dies ist für unsere Zwecke aber zu undifferenziert.

Aus sehr geringer Flughöhe hingegen löst sich alles auf in eine unüberschaubare Anzahl von Einzelaktivitäten: telefonieren, Angebote schreiben, kochen, waschen, reisen, Übungspläne erstellen oder was auch immer. Doch dies ist für uns zu detailliert und zu unübersichtlich.

Ihre Aufgabe besteht deshalb darin, Ihre Tätigkeiten in etwa fünf Hauptaufgabenbereiche zu gliedern. Es können auch sieben sein, eventuell sogar nur drei. Als Richtgröße hat sich in der Praxis jedoch gezeigt, dass fünf eine gute Anzahl ist, um sich daran zu orientieren.

Gehen Sie dazu so vor, wie auf der folgenden Seite beschrieben.

Meine Hauptaufgaben

1: Sammeln

Sammeln Sie auf einem Extra-Blatt einmal alle Tätigkeiten, die Sie tagaus, tagein erledigen. Egal, wie viele hier zusammenkommen. Schauen Sie dabei bewusst nicht in irgendwelche Unterlagen und fragen Sie auch niemanden dazu nach seiner Meinung. Betrachten Sie Ihre Aufgaben rein aus Ihrer persönlichen Perspektive, so wie Sie sie individuell sehen und erleben.

2: Sortieren

Nachdem Sie Ihre Sammlung fertiggestellt haben, suchen Sie nach Mustern, Zusammenhängen oder Gruppen, durch die Sie die Vielzahl an unterschiedlichsten Aktivitäten zu fünf (plus/minus zwei) Hauptaufgabenbereichen zusammenfassen können.

Falls Sie sich nicht gleich entscheiden möchten, nach welchen Gesichtspunkten Sie Ihre Hauptaufgaben gliedern möchten, können Sie zunächst auch mehrere Alternativen entwickeln.

Notieren Sie also auf einem weiteren Blatt eine oder mehrere Möglichkeiten, Ihre Tätigkeiten zu gliedern, und legen Sie dann alles für mindestens 24 Stunden beiseite.

3: Hauptaufgaben festhalten

Sind die 24 Stunden vergangen, schauen Sie sich Ihre Notizen noch einmal an, um alles mit etwas Abstand zu überdenken und die abschließende Beschreibung Ihrer Hauptaufgaben auf der nächsten Seite festzuhalten. Jede dieser Hauptaufgaben sollte mit nur einem Wort, maximal aber fünf Worten umschrieben sein.

Hauptaufgabe A:

Hauptaufgabe B:

Hauptaufgabe C:

Hauptaufgabe D:

Hauptaufgabe E:

Hauptaufgabe F:

Hauptaufgabe G:

Wie können Sie Ihre Stärken einbringen?

Nun müssen Sie Ihre größten Stärken und Ihre Hauptaufgaben nur noch miteinander in Beziehung bringen.

Dazu können Sie die folgende Tabelle nutzen. Überlegen Sie, in welchen Bereichen Ihnen Ihre größte (und später dann auch die zweit- und drittgrößte) Stärke am meisten helfen könnte. Machen Sie sich dazu Notizen!

Bewegt man sich zuversichtlich
in die Richtung seiner Träume und strebt danach,
das Leben zu führen, das man sich vorstellt,
erlebt man Erfolge, die man nicht erwartet hat.

HENRY DAVID THOREAU

Bei welcher Hauptaufgabe können Sie Ihre Stärken nutzen? Kreuzen Sie an:

Hauptaufgaben	A	B	C	D	E	F	G
Stärke 1:							
Stärke 2:							
Stärke 3:							

+++ = sehr oft ++ = oft + = manchmal

Die Woche der Stärken

Machen Sie nun einen Plan für jeweils eine Woche, wo und wie Sie Ihre Stärken im Alltag einsetzen wollen.

Konzentrieren Sie sich dabei darauf, wo eine Verbesserung für Sie den größten Effekt erzeugen würde. Setzen Sie dort an!

Ein Tipp: Planen Sie dazu lieber wenige kleine Schritte, die Sie dann aber auch wirklich umsetzen. So erzeugen Sie kleine Erfolgserlebnisse, die Sie motivieren, weiterzumachen.

Eine Woche ist ein idealer Zeitraum, um diese Pläne zu entwickeln und zu überprüfen. Ein einzelner Tag ist oft so schnell vorüber, dass nicht ausreichend Zeit bleibt für Planung und Reflexion. Und ein ganzer Monat ist viel zu lang, um aus Fehlern und Erfahrungen zu lernen und zügig voranzukommen.

Machen Sie also jede Woche einen Plan, und führen Sie am Ende der Woche dann eine kritische Bestandsaufnahme durch, bevor Sie die nächste Woche planen.

Am besten, Sie beginnen gleich jetzt mit der Planung der kommenden Woche!

Meine erste Woche der Stärken

vom .... bis ....

Das werde ich tun, um meine Stärke/n noch besser einzusetzen und zu nutzen:

(Planen Sie mindestens eine, maximal drei Aktionen ein, wann und wie Sie in der kommenden Woche ganz konkret Ihre Stärken einsetzen werden.)

1. ______________________________

2. ______________________________

3. ______________________________

Wiederholen Sie diese Übung gerne auch für weitere Wochen. Möglichkeiten zum Eintragen finden Sie auf der folgenden Seite.

Meine Woche der Stärken

vom .... bis ....

Das werde ich tun, um meine Stärke/n noch besser einzusetzen und zu nutzen:

(Planen Sie mindestens eine, maximal drei Aktionen ein, wann und wie Sie in der kommenden Woche ganz konkret Ihre Stärken einsetzen werden.)

1. ______________________________

2. ______________________________

3. ______________________________

Meine Woche der Stärken

vom .... bis ....

Das werde ich tun, um meine Stärke/n noch besser einzusetzen und zu nutzen:

(Planen Sie mindestens eine, maximal drei Aktionen ein, wann und wie Sie in der kommenden Woche ganz konkret Ihre Stärken einsetzen werden.)

1. ______________________________

2. ______________________________

3. ______________________________

Das Glückskonto

Stellen Sie sich vor, Sie gewinnen folgenden Preis: Jeden Morgen schenkt Ihre Bank Ihnen genau 86.400 Euro. Sie dürfen sie ausgeben, verschwenden, verschenken, aber nicht anlegen oder ansparen. Alles, was Sie am Ende des Tages nicht genutzt haben, nimmt man Ihnen wieder weg. Doch am nächsten Morgen bekommen Sie erneut 86.400 Euro.

Sie würden sicher so viel Geld wie möglich nutzen, oder?

Stellen Sie sich vor, das Spiel ist Realität:

An jedem Morgen Ihres Lebens bekommen Sie 86.400 Sekunden geschenkt.

Nutzen Sie sie, um sich und andere glücklich und zufrieden zu machen?

Weisheitsgeschichte

Trainingsplan

Lesen Sie hier erst weiter, nachdem Sie Ihre erste Woche der Stärken absolviert haben.

Sie haben nun eine weitere wichtige Etappe geschafft! Seien Sie stolz auf sich! Dafür können Sie sich gratulieren!

Was Ihre wichtigsten Stärken sind, wissen Sie nun. Und wie Sie diese Stärken in Ihr Leben einbringen können, dazu haben Sie jetzt eine erste Idee.

Der Anfang ist damit gemacht. Nun ist Disziplin und Ausdauer gefragt! Wie im Sport reicht es nicht aus, einmalig guten Willen zu zeigen. Nur die dauerhafte Überwindung bringt den Erfolg – bis sich eine neue Gewohnheit eingespielt hat, auf die Sie dann nicht mehr verzichten möchten.

Fahren Sie fort, sich mit Ihren Stärken zu befassen:

- Was machen Sie besonders gern?
- Was können Sie besonders gut?
- Wie unterscheiden Sie sich von anderen?
- Wie können Sie Ihre Stärken weiterentwickeln?
- Wo und wann und wie können Sie Ihre Stärken noch mehr als bisher einsetzen?

Am besten, Sie machen sich einen richtigen Trainingsplan, mit festen Terminen in Ihrem Terminkalender.

Wann werden Sie sich das nächste Mal mit diesen Fragen befassen?

Datum	Aufgabe

Die Palme

Es war einmal ein Mensch, der konnte nichts Schönes und Gesundes ertragen.

Als er in einer Oase einen jungen Palmbaum im schönsten Wuchs fand, nahm er einen schweren Stein und legte ihn der jungen Palme mitten in die Krone. Mit einem Lachen ging er weiter.

Die Palme versuchte, die Last abzuwerfen. Sie schüttelte und bog sich. Vergebens.

Sie krallte sich tiefer in den Boden, bis ihre Wurzeln verborgene Wasseradern erreichten. Diese Kraft aus der Tiefe und die Sonnenglut aus der Höhe machten sie zu einer königlichen Palme, die auch den Stein hochstemmen konnte.

Nach Jahren kam der Mann wieder, um sich an dem vermeintlichen Krüppelbaum zu erfreuen.

Da senkte die kräftige Palme ihre Krone, zeigte den Stein und sagte: „Ich muss dir danken. Deine Last hat mich stark gemacht."

Weisheitsgeschichte

IV. Schwächen

Die eigenen Schwächen erkennen

Nachdem wir uns ausführlich mit Ihren Stärken beschäftigt haben, wollen wir nun auf Ihre Schwächen zu sprechen kommen. Interessanterweise fällt es den meisten Menschen viel leichter, ihre Schwächen aufzuzählen als ihre Stärken. Das hängt sicher auch damit zusammen, dass wir in einer Kultur aufgewachsen sind, in der Fehler schärfer beobachtet und bewertet werden als die Dinge, die wir richtig machen.

Solange Ihre Schwächen Sie auf Ihrem Weg zu Ihren Zielen nicht einschränken, können Sie diese einfach akzeptieren und ignorieren. Als Steuerberater können Sie sehr erfolgreich sein, auch wenn Sie völlig unmusikalisch sind. Leiter einer Musikschule zu werden könnte dagegen problematisch sein. In diesem Fall wäre Ihre mangelnde Musikalität eine Schwäche, die zu einem „begrenzenden Faktor" für Ihren Erfolg werden könnte – und dann sollten Sie sich damit auseinandersetzen.

Der Steinmetz

Ein Steinmetz saß am Fuße eines mächtigen Berges und bearbeitete in der Hitze der Mittagssonne einen Felsen. Es war sehr anstrengend und er schaute nach oben und sprach:

„Lieber Gott, was bin ich für ein armer Mann, könnte ich doch die Sonne sein, die auf alles scheint, dann ginge es mir immer gut.“ Er hatte diesen Wunsch gerade ausgesprochen, da wurde er die Sonne. Nun stand er hoch oben am Himmel und schien auf alles herab und freute sich. Plötzlich kamen Wolken auf und versperrten ihm die Sicht auf die Erde.

„Lieber Gott“, sagte er „was nutzt es mir, die Sonne zu sein, wenn die Wolken mächtiger sind – könnte ich doch die Wolken sein!“ Es dauerte nicht lange und er war die Wolken und zog gemächlich über die Erde. Ein Sturm kam auf und trieb die Wolken auseinander.

„Lieber Gott, wenn der Sturm mächtiger ist, so möchte ich lieber der Wind sein, der über die Erde weht.“

Er wurde der Wind und wehte über die Erde, freute sich an seiner Kraft. Plötzlich wurde er von einem hohen Berg aufgehalten, der Wind brach sich an dem mächtigen Berg.

„Lieber Gott, so stark möchte ich sein, dass ich sogar den Wind aufhalten kann und so mächtig.“ Er wurde zu dem hohen Berg und stand majestätisch da.

Auf einmal merkte er, wie unten an seinem Fuße jemand saß und hämmerte …

Weisheitsgeschichte

Was sind Ihre größten Schwächen?

Genauso wie bei den Stärken sollten Sie auch bei den Schwächen zunächst einmal sammeln und ordnen, bevor wir mit der „Therapie“ beginnen. Wiederholen Sie diese Übung gerne in regelmäßigen Abständen, um eine Entwicklung in Ihren Schwächen erkennen zu können.

Das Glück begreifen,
dass der Boden, auf dem du stehst,
nicht größer sein kann als die zwei Füße,
die ihn bedecken.

FRANZ KAFKA

Meine Schwächen | Erste spontane Sammlung

- ✗ ________________
- ✗ ________________
- ✗ ________________
- ✗ ________________
- ✗ ________________
- ✗ ________________
- ✗ ________________
- ✗ ________________
- ✗ ________________
- ✗ ________________
- ✗ ________________

Meine Schwächen | Sammlung vom ....

✗ ....

✗ ....

✗ ....

✗ ....

✗ ....

✗ ....

✗ ....

✗ ....

✗ ....

✗ ....

✗ ....

Meine Schwächen | Sammlung vom …………

- x ____________________
- x ____________________
- x ____________________
- x ____________________
- x ____________________
- x ____________________
- x ____________________
- x ____________________
- x ____________________
- x ____________________
- x ____________________

Was machen Sie nicht so gerne?

Wie bei der Suche nach Ihren Stärken beobachten Sie sich jetzt wieder ein paar Tage selbst, diesmal bezogen auf Ihre Schwächen. Halten Sie in Stichworten fest, was Sie nicht gut können oder nicht gerne machen. Auch diese Übung können Sie gerne regelmäßig wiederholen.

Was ich gar nicht gerne mache | Erste spontane Sammlung

Was ich gar nicht gerne mache | Sammlung vom ....

- ✗ ....
- ✗ ....
- ✗ ....
- ✗ ....
- ✗ ....
- ✗ ....
- ✗ ....
- ✗ ....
- ✗ ....
- ✗ ....
- ✗ ....

Was ich gar nicht gerne mache | Sammlung vom ....

x ...

x ...

x ...

x ...

x ...

x ...

x ...

x ...

x ...

x ...

x ...

Übung 15

Was halten andere für Ihre Schwächen?

Auch in Bezug auf Ihre Schwächen ist es wichtig, die Meinung von Außenstehenden heranzuziehen. Nehmen Sie zwei Personen aus Familie, Beruf oder Freundeskreis, die Sie später dazu befragen möchten, und schreiben Sie hier auf, was diese Ihrer Meinung nach als Ihre Schwäche ansehen würden.

Auf der höchsten Stufe
der Freundschaft offenbaren wir
dem Freunde nicht unsere Fehler,
sondern die seinen.

FRANÇOIS DE LA ROCHEFOUCAULD

Ich glaube, das hält .... für meine Schwächen

x

x

x

x

x

Ich glaube, das hält .... für meine Schwächen

x

x

x

x

x

So sehen andere Sie wirklich

Fragen Sie nun diese Personen, was aus deren Sicht Ihre größten Schwächen sind. Vielleicht erleben Sie auch hier, wie bei Ihren Stärken, die eine oder andere Überraschung, wenn Sie Ihre persönliche Sichtweise mit der von Außenstehenden vergleichen.

Wirklich gute Freunde sind Menschen,
die uns ganz genau kennen
und trotzdem zu uns halten.

Marie von Ebner-Eschenbach

Meine Schwächen aus der Sicht von ....

x ____

x ____

x ____

x ____

x ____

Meine Schwächen aus der Sicht von ....

x ____

x ____

x ____

x ____

x ____

Values in Action

Wenn Sie den VIA-Test (oder einen anderen Test) ausgefüllt haben, können Sie daraus ableiten, welche Bereiche bei Ihnen eher schwach ausgeprägt sind. Schreiben Sie daher auf der anderen Seite die Bereiche auf, in denen Sie die niedrigsten Ergebnisse erzielt haben.

In allen Grenzen
ist auch etwas Positives.

IMMANUEL KANT

Meine größten Schwächen | Testergebnis VIA:

- ✘ ____________________
- ✘ ____________________
- ✘ ____________________
- ✘ ____________________
- ✘ ____________________

Ihre Schwächen

Gehen Sie abschließend noch einmal Ihre Stichwortsammlungen durch und notieren Sie, was Sie selber als Ihre größten Schwächen ansehen. Also die Eigenschaften oder Fähigkeiten oder Tätigkeiten,

- bei denen Sie sich besonders schlecht und schwach fühlen,
- wegen denen Sie immer wieder Ärger mit anderen Personen bekommen,
- die Sie besonders ungerne erledigen,
- die Sie immer wieder fürchten,
- zu denen Sie sich regelrecht zwingen müssen.

Sie sollten wenigstens eine Schwäche auswählen, aber nicht mehr als 3. Diese Übung können Sie gerne in regelmäßigen Abständen wiederholen.

Meine Schwächen | Erste Zusammenfassung:

1. ....

2. ....

3. ....

Meine Schwächen | Zusammenfassung vom ....

1. ....

2. ....

3. ....

Meine Schwächen | Zusammenfassung vom ....

1. ....

2. ....

3. ....

Zwischen-Stopp: Meine Schwächen erkennen

Haben Sie alle vorangegangenen Übungen durchgeführt? Das sollten Sie, bevor Sie weitermachen. Schauen Sie noch einmal nach und haken Sie ab, was Sie absolviert haben.

- [ ] Übung 13: *Was sind Ihre größten Schwächen?*
- [ ] Übung 14: *Was machen Sie nicht so gerne?*
- [ ] Übung 15: *Was halten andere für Ihre Schwächen?*
- [ ] Übung 16: *So sehen andere Sie wirklich*
- [ ] Übung 17: *Values in Action*
- [ ] Übung 18: *Ihre Schwächen*

Alles gemacht? Gut! Dann geht's weiter!

Dein tägliches Quantum Sonnenschein
musst du dir
täglich selbst verdienen.

Hermann Sudermann

Der Scheck

Ein erfahrener Seminarleiter begann einmal seinen Vortrag, indem er einen Scheck über 40 Euro hochhielt. In dem Raum saßen insgesamt 200 Personen. Er fragte: „Wer möchte diesen Scheck haben?" Alle Hände gingen hoch.

Er sagte: „Ich werde diesen Scheck einem von euch geben, aber zuerst lasst mich eins tun." Er zerknüllte den Scheck. Dann fragte er: „Möchte ihn immer noch einer haben?" Die Hände waren noch immer alle oben.

Nun warf er den Scheck auf den Boden und trat mit seinen Schuhen darauf herum, bis er völlig dreckig und zerknittert war. „Nun, wer möchte ihn jetzt noch haben?" Es waren immer noch alle Arme in der Luft.

Dann sagte er: „Liebe Freunde, wir haben soeben eine sehr wertvolle Lektion gelernt. Was auch immer mit dem Geld geschah, ihr wolltet es haben, weil es nie an Wert verloren hat. Es war immer noch und stets 40 Euro wert. Es passiert oft in unserem Leben, dass wir abgestoßen, zu Boden geworfen, zerknittert und in den Dreck gezogen werden. Dann fühlen wir uns, als ob wir wertlos wären. Aber egal, was passiert ist oder was passieren wird, du wirst niemals an Wert verlieren. Schmutzig oder sauber, zerknittert oder fein gebügelt, du bist immer noch unbezahlbar für alle Menschen, die dich wirklich lieben."

Weisheitsgeschichte

V. Mit den Schwächen arbeiten

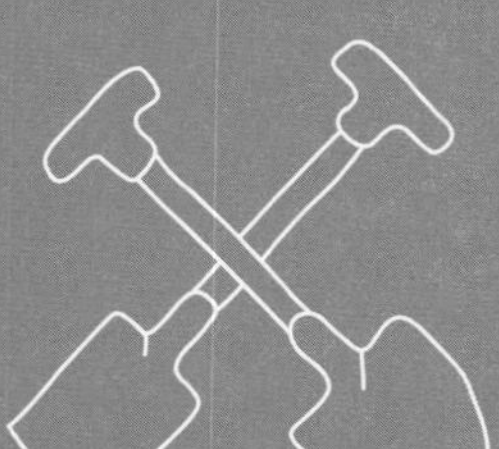

Umgang mit Schwächen

Anhand einer Ihrer Schwächen lernen Sie nun ein Verfahren kennen, mit dem Sie sicher eine Lösung für sich finden werden. Nach gleichem Muster können Sie sich dann später natürlich auch mit weiteren Schwächen auseinandersetzen, wenn Sie das möchten.

Sie wissen ja bereits: Wirklich erfolgreich werden Sie nur durch die Weiterentwicklung und durch den Einsatz Ihrer Stärken. Das heißt aber nicht, dass Sie Ihre Schwächen ausblenden sollen. Im Gegenteil: Es ist wichtig, neben den eigenen Stärken auch die eigenen Schwächen zu kennen. Entscheidend ist jedoch, wie Sie mit Ihren Schwächen umgehen.

Das Konzept H-I-L-F-E zeigt Ihnen Wege auf, um Ihre Aufgaben optimal durchzuführen, wenn Ihnen ein Talent oder eine Stärke dafür fehlt.

Genau genommen handelt es sich beim Konzept H-I-L-F-E nicht um einen einzigen Lösungsansatz, sondern um fünf verschiedene Strategien, mit persönlichen Schwächen erfolgreich umzugehen. Eine dieser Strategien passt immer, oft unterstützen sich auch mehrere dieser Möglichkeiten gegenseitig.

Die fünf Strategien sind:

H elfen lassen

I ntegration eigener Stärken

L ernen, soweit unbedingt nötig

F okus ändern

E infach aufhören

Helfen lassen ist die erste Möglichkeit, die Sie prüfen sollten. Dazu ein Beispiel: Herr A. organisiert und plant gerne die Urlaube seiner Familie. Allerdings sitzt er nicht gerne lange Zeit hinterm Steuer, was die möglichen Ferienziele einschränkt. Seine Frau hingegen liebt es, Auto zu fahren. Also überlässt er ihr einfach das Steuer.

Helfen lassen heißt also: Sie überlegen, wie Sie Unterstützung für sich organisieren können. Vielleicht gibt es ja jemanden in Ihrer Umgebung, der die Aktivität, die für Sie ein Problem darstellt, gerne macht und sie Ihnen abnehmen könnte.

Integration eigener Stärken ist die nächste Möglichkeit. Herr B. findet es beispielsweise langweilig, jede Woche den Flur seiner Etage putzen zu müssen. Aber er liebt es, zu gewinnen. Daher hat er zur eigenen Motivation mit den anderen Hausbewohnern folgendes Spiel erarbeitet: Wer am Ende der Woche die sauberste Etage hat, wird von dem mit der am wenigsten gereinigten zum Kaffee eingeladen.

Bei der Strategie *Integration eigener Stärken* prüfen Sie, ob es nicht eine oder mehrere Stärken gibt, die Ihnen dabei helfen können, die schwächende Aktivität einfacher, schneller oder anders zu erledigen. Vielleicht können Sie diese Schwäche auch einfach durch eine Stärke überspielen und so die Aufmerksamkeit davon ablenken?

Lernen, soweit unbedingt nötig. Herr C. ist Handwerker und hat mit viel Fachkenntnis und hoher Kundenorientierung erfolgreich ein eigenes Unternehmen aufgebaut. Als Unternehmer muss Herr C. nun unter anderem eine Bilanz verstehen. Mit Buchhaltung steht er aber auf Kriegsfuß. Das absolut notwendige Grundwissen hat er sich deshalb angeeignet, wenn auch mühsam. Darüber hinaus vertraut er auf seine Mitarbeiter und seinen Steuerberater. Seine Energien investiert er weiterhin hauptsächlich in seine Stärken: Fachkompetenz und Kundenorientierung.

Die Strategie *Lernen, soweit unbedingt nötig* ist immer dann anwendbar, wenn Sie eine Schwäche in einem Teilbereich haben, der aber für Ihre Tätigkeit eine absolute Notwendigkeit darstellt. Eignen Sie sich dann die notwendigen Fähigkeiten an, auch wenn es schwer fällt. Aber nur so viel, wie unbedingt erforderlich ist. Darüber hinaus pflegen und entwickeln Sie dann lieber Ihre Stärken.

Fokus ändern ist die Strategie, einen anderen Blickwinkel, eine andere Sicht auf die Situation einzunehmen. Trainer D. mag es zum Beispiel nicht, mit Sponsoren um Geld für sein Team zu feilschen. Andererseits motiviert er andere Menschen sehr gerne. Statt nun in den Gesprächen mit Sponsoren eine mühsame Überredungsaufgabe zu sehen, betrachtet er sie lieber als Herausforderung, sie zur Spende einer bestimmten Summe zu motivieren.

Um auf Lösungsideen zu kommen, können Sie sich fragen: Wie muss ich über diese Aktivität denken, damit es für mich Sinn macht, sie zu erledigen, obwohl ich eigentlich keine Lust darauf habe?

Einfach aufhören ist die fünfte Strategie, mit eigenen Schwächen umzugehen. Und zur Überraschung vieler oftmals einfach möglich. So wie bei Frau E.: Als einzige Controllerin im Unternehmen stellt sie jeden Monat eine Vielzahl von Reports und Aufstellungen zur Verfügung, würde sich aber gerne viel mehr mit strategischen Fragen befassen. Sie listete deshalb alle Berichte auf und ließ ihre internen Kunden ankreuzen, welche Berichte unbedingt erforderlich sind. So reduzierte sie die Anzahl der Berichte um fast ein Drittel.

Bei der Strategie *Einfach aufhören* stellen Sie sich also Fragen wie: Ist es möglich, diese Aktivität einfach ersatzlos zu streichen? Was würde fehlen? Was würde passieren? Vielleicht kann wenigstens der Umfang reduziert werden?

Wie können Sie mit einer Schwäche umgehen?

Nachdem Sie nun die fünf Strategien im Überblick kennengelernt haben, prüfen Sie anhand der Fragen auf den folgenden Seiten, ob Ihnen erste Lösungsansätze einfallen, um Ihre größte Schwäche kreativ zu umgehen.

Meine größte Schwäche:

....

....

....

Jammere nicht.
Klage nicht.
Denk positiv!

KATHARINE HEPBURN

Lösungsansätze zum Umgang mit einer Schwäche

Helfen lassen

Gibt es jemanden in Ihrem Umfeld, der diese Aktivität gerne macht oder an den Sie sie delegieren können?

Erste Ideen:

Integration eigener Stärken

Erinnern Sie sich an Ihre Stärken: Wie müssten Sie diese Tätigkeit gestalten, damit Sie – zu Ihrer eigenen Unterstützung – eine Ihrer Stärken darin voll zur Geltung bringen können? Oder können Sie diese Schwäche durch eine Stärke einfach überspielen?

Erste Ideen:

Lernen, soweit unbedingt nötig

Können Sie lernen, etwas besser in dieser Aktivität zu werden? Sodass es schneller, einfacher oder besser geht? (Aber nur so viel, wie unbedingt erforderlich ist.) Und: Wie könnten Sie sich diese Mühe versüßen oder bei Erfolg belohnen?

Erste Ideen:

Fokus ändern

Können Sie Ihre Schwäche aus einem anderen Blickwinkel betrachten, sodass Sie die Schwäche mit einer Stärke ausgleichen können? Oder: Wie müssten Sie diese Aktivität sehen, damit es für Sie Sinn macht, sie zu erledigen, obwohl Sie eigentlich keine Lust haben?

Erste Ideen:

Einfach aufhören

Ist es möglich, diese Aktivität einfach zu streichen und damit aufzuhören? Wenn ja, was würde dann passieren?

Erste Ideen:

Wie werden Sie mit der Schwäche umgehen?

Sie haben sich nun schon eine Weile mit Ihren Schwächen beschäftigt. Schauen Sie sich die vorangegangenen Überlegungen noch einmal an. Vielleicht schlafen Sie auch einmal eine Nacht darüber oder besprechen sich mit einer Vertrauensperson. Was ist für Sie die beste Strategie, mit Ihrer Schwäche zukünftig umzugehen? Was ist Ihr Plan für die Zukunft? Halten Sie Ihre Absichten schriftlich fest! Sie können diese Übung natürlich auch für mehrere Schwächen nacheinander nutzen.

Ärgere dich nicht darüber,
dass der Rosenstrauch Dornen trägt,
sondern freue dich,
dass der Dornenstrauch Rosen trägt.

VOLKSMUND

In Bezug auf meine Schwäche

werde ich Folgendes tun:

In Bezug auf meine Schwäche

werde ich Folgendes tun:

In Bezug auf meine Schwäche

werde ich Folgendes tun:

Umgang mit dem Umfeld

Mit dem H-I-L-F-E-Konzept haben Sie wirksame Strategien kennengelernt, persönliche Schwächen auszugleichen. Manchmal sind es aber gar nicht die fehlenden eigenen Fähigkeiten, die uns daran hindern, erfolgreich und zufrieden zu sein. Manchmal sind es auch äußere Umstände, die uns blockieren: der Chef, Aufgabenstellungen, die nicht zu Ihren Stärken passen, das Umfeld, Arbeitszeiten, Fahrtzeiten und andere Unannehmlichkeiten mehr.

Dann ist der Hauptgrund für mangelnden beruflichen Erfolg nicht Ihr eigenes „Unvermögen", sondern das Verhalten anderer Personen oder ein missliches Umfeld. Doch auch dagegen ist zum Glück „ein Kraut gewachsen", das wir Ihnen zum Schluss mit auf den Weg geben möchten. Die Strategien lauten:

Take it, change it or leave it!

(Akzeptiere es, wie es ist, verändere es oder lass es sein.)

Dieses Konzept – ursprünglich aus dem sonnigen Kalifornien – kann Ihnen helfen, angemessen mit „schwächenden Außenfaktoren" umzugehen.

Take it!

Die erste Strategie heißt: Take it! – Nimm es einfach hin!

Hilfreich kann in diesem Zusammenhang auch die Formel 75/25 sein. Sie soll daran erinnern, dass nichts im Leben perfekt und absolut eindeutig ist. Wo Sonne ist, ist auch Schatten. Jedes Vergnügen hat auch einen Preis.

Eis mit Sahne im Sommer kann ein Genuss sein – hinterlässt aber auch Spuren auf der Hüfte. Das ist eben so. Und jeder noch so ideale Traumjob beinhaltet auch unangenehme Dinge, die einfach dazugehören und erledigt werden müssen.

100 % Positives bei 0 % Negativem – das gibt's nur im Märchen. Und nicht einmal da!

Im wirklichen Leben gibt's immer einen Mix, und solange dieser Mix das Verhältnis 75/25 nicht überschreitet, überwiegt noch deutlich das Positive. Oder anders gesagt: Maximal 25 % Negatives ist okay, solange 75 % Positives da ist. Take it! Nimm's hin, ohne zu jammern. Zahl den Preis und erfreue dich an den 75 %! Verändere deine Einstellung – es ist kein „Problem", es ist einfach, wie es ist, es gehört dazu und das ist okay so.

Change it!

Gibt es für Sie gewichtige Gründe, aus denen heraus Sie nicht einfach sagen können: „Okay, abgehakt, weiter"?

Dann kommt vielleicht die zweite Strategie in Frage: Change it! Was Sie nicht akzeptieren wollen, können Sie vielleicht ändern.

Was müssten Sie tun, um an Ihrem Umfeld etwas zu ändern? Mit wem müssten Sie sprechen? Welchen Preis – materiell oder immateriell – müssten Sie zahlen, um es zu ändern? Wen könnten Sie um Rat oder Hilfe bitten? Womit haben Sie schon einmal gute Erfahrungen gemacht?

Haben Ihre Bemühungen Aussicht auf Erfolg? Dann Ärmel hochkrempeln und angepackt! Aber bedenken Sie auch den Satz, der dem Kirchenvater Augustinus zugeschrieben wird: „Gott gebe mir den Mut, die Dinge zu ändern, die ich ändern kann, und die Gelassenheit, Dinge hinzunehmen, die ich nicht ändern kann. Und die Weisheit, beides voneinander zu unterscheiden."

Leave it!

Sie wollen den aktuellen Zustand nicht hinnehmen? Und verändern können Sie ihn nicht?

Dann bleibt nur noch die dritte Strategie: Leave it! Lass es! Suchen Sie sich eine andere Aufgabe, fangen Sie etwas Neues an!

Sie müssen diese Aufgabe nicht erledigen. Niemand zwingt Sie dazu. Aber: Sie müssen dann auch bereit sein, die Konsequenzen zu tragen, den Preis dafür zu zahlen.

Kündigen könnte bedeuten, arbeitslos zu werden. Oder zukünftig weniger Einkommen zu haben. Oder als Selbstständiger härter arbeiten und höhere Risiken tragen zu müssen. Ist es das wert? Dann los! Oder sind Sie doch nicht bereit, die Konsequenzen zu tragen? Dann vielleicht doch „Take it"?

Übung 21

Probieren Sie diese Strategien einfach mal aus! Gibt es eine Person oder einen äußeren Umstand, der nicht bei Ihnen selbst begründet liegt und Ihnen immer wieder im Weg steht? Auf den nächsten Seiten haben Sie die Möglichkeit, sich dazu Notizen zu machen.

Umgang mit behindernden Außen-Faktoren

Mein Problem | Thema:

Take it!

„Take it!“ bedeutet in etwa: „Nimm es einfach hin! Es gibt immer einen Preis zu zahlen, nichts hat nur angenehme Seiten. Mach das Beste draus und ärger dich nicht weiter drüber.“

Könnte das ein Weg für Sie sein, mit Ihrer Schwäche umzugehen? Oder passt das gar nicht? Halten Sie hier Ihre Gedanken dazu fest:

Change it!

„Take it“ passt nicht? Dann vielleicht „Change it!“

Was müssten Sie tun, um an Ihrem Umfeld etwas zu ändern? Mit wem müssten Sie sprechen? Was könnten Sie tun, um am Verhalten anderer Personen etwas zu ändern? Wen könnten Sie um Rat oder Hilfe bitten?

Notieren Sie Ihre Überlegungen hier:

Leave it!

Hinnehmen wollen Sie den aktuellen Zustand nicht? Und verändern können Sie ihn nicht? Dann bleibt nur noch: „Lass es! Mach einfach Schluss, fang etwas Neues an."

Und der Preis, der dafür zu zahlen ist? Wäre „Take it" dann vielleicht doch besser? Was spricht dafür? Was spricht dagegen? Schreiben Sie es hier auf:

Entscheidung und Maßnahmenplan

Können Sie sich schon für einen Weg entscheiden? Oder möchten Sie darüber noch einmal nachdenken, einmal darüber schlafen, sich mit jemandem beraten? Was werden Ihre nächsten Schritte sein?

Umgang mit behindernden Außen-Faktoren

Mein Problem | Thema:

Take it!

„Take it!" bedeutet in etwa: „Nimm es einfach hin! Es gibt immer einen Preis zu zahlen, nichts hat nur angenehme Seiten. Mach das Beste draus und ärger dich nicht weiter drüber."

Könnte das ein Weg für Sie sein, mit Ihrer Schwäche umzugehen? Oder passt das gar nicht? Halten Sie hier Ihre Gedanken dazu fest:

Change it!

„Take it" passt nicht? Dann vielleicht „Change it!"

Was müssten Sie tun, um an Ihrem Umfeld etwas zu ändern? Mit wem müssten Sie sprechen? Was könnten Sie tun, um am Verhalten anderer Personen etwas zu ändern? Wen könnten Sie um Rat oder Hilfe bitten?

Notieren Sie Ihre Überlegungen hier:

Leave it!

Hinnehmen wollen Sie den aktuellen Zustand nicht? Und verändern können Sie ihn nicht? Dann bleibt nur noch: „Lass es! Mach einfach Schluss, fang etwas Neues an.“

Und der Preis, der dafür zu zahlen ist? Wäre „Take it“ dann vielleicht doch besser? Was spricht dafür? Was spricht dagegen? Schreiben Sie es hier auf:

Entscheidung und Maßnahmenplan

Können Sie sich schon für einen Weg entscheiden? Oder möchten Sie darüber noch einmal nachdenken, einmal darüber schlafen, sich mit jemandem beraten? Was werden Ihre nächsten Schritte sein?

Die Rastlosigkeit

Es lebte einmal ein sehr arbeitsamer Mann, der es nicht übers Herz bringen konnte, eine einzige Minute seines wichtigen Lebens ungenutzt vorübergehen zu lassen.

Wenn er in der Stadt war, so plante er, in welchen Badeort er reisen werde. War er im Badeort, so beschloss er einen Ausflug nach Marienruh, von wo man die berühmte Aussicht hat. Saß er dann auf Marienruh, so nahm er den Fahrplan her, um nachzusehen, wie man am schnellsten wieder zurückfahren könne.

Wenn er im Gasthof seinen Hammelbraten verzehrte, studierte er während des Essens die Karte, was er nach dem Hammelbraten nehmen könnte. Und während er den Wein hinuntergoss, dachte er, dass bei dieser Hitze ein Glas Bier wohl besser gewesen wäre.

So verging sein Leben, und er hatte eigentlich niemals etwas getan, sondern immer nur seinen nächsten Schritt vorbereitet. Und als er dann auf dem Sterbebett lag, wunderte er sich sehr, dass sein Leben so leer und zwecklos gewesen sei.

nach Victor Auburtin

Meine Stärken und Schwächen

Sie sind jetzt schon fast am Ende der Übungen angekommen: Sie haben Ihre größten Stärken und Schwächen benannt und Sie haben Ihre Hauptaufgaben definiert. Nun ist es an der Zeit, sich einen Gesamtüberblick zu verschaffen. Bringen Sie nun Ihre drei Hauptstärken und Ihre größte Schwäche mit Ihren Hauptaufgaben in Verbindung. Kreuzen Sie dazu in der Tabelle an:

Diese Stärken kann ich bei dieser Aufgabe einsetzen:
+++ = sehr oft ++ = oft + = manchmal

Diese Schwäche behindert mich bei dieser Aufgabe:
– – – = sehr oft – – = oft – = manchmal

Natürlich können auch einzelne Felder ganz frei bleiben.

Hauptaufgabe	A	B	C	D	E
Stärke 1					
Stärke 2					
Stärke 3					
Schwäche 1					

Wenn Sie die Tabelle betrachten: In welchen Bereichen lohnt es sich derzeit für Sie am meisten, Energie und Zeit aufzuwenden, um noch erfolgreicher zu werden?

Zur Erinnerung: Die Entwicklung Ihrer Stärken ist wichtiger und bringt oft mehr als die Beschäftigung mit Ihren Schwächen. Ihre Schwächen erfordern nur dann Ihre Aufmerksamkeit, wenn dadurch Ihre Zufriedenheit und Ihr Erfolg deutlich eingeschränkt werden.

Ihr Aufwand sollte sich deswegen mindestens in einem Verhältnis von 3:1 bewegen: Wenden Sie also mindestens die dreifache Menge an Energie und Zeit für die Entwicklung Ihrer Stärken auf.

Wiederholen Sie diese Übung gerne in regelmäßigen Abständen. Auf der folgenden Seite finden Sie dafür Möglichkeiten zum Eintragen.

Hauptaufgabe	A	B	C	D	E
Stärke 1					
Stärke 2					
Stärke 3					
Schwäche 1					

Hauptaufgabe	A	B	C	D	E
Stärke 1					
Stärke 2					
Stärke 3					
Schwäche 1					

Die nächsten Schritte

Was werden jetzt Ihre weiteren Schritte sein? Entscheiden Sie, wo Sie Ihre Prioritäten für Ihre weitere berufliche oder private Entwicklung setzen werden, und halten Sie Ihre Gedanken auf der folgenden Seite fest.

Zerre deine Gedanken weg
von deinen Sorgen, an den Ohren,
den Füßen oder auf sonst eine Art, die dir recht ist.
Das ist das Gesündeste,
was ein Körper tun kann.

Mark Twain

Meine nächsten Schritte

Hierin sehe ich zurzeit die größten Hebelwirkungen im Einsatz meiner Stärken und im Umgang mit meinen Schwächen:

Zwischen-Stopp: Zusammenfassung

Verschaffen wir uns noch einmal zusammen einen Überblick, wo Sie jetzt stehen:

- ☐ Sie kennen Ihre Stärken und wissen, wie Sie sie weiterentwickeln können.
- ☐ Sie kennen Ihre größten Schwächen und wissen, wie Sie damit umgehen können.
- ☐ Sie haben Ihre Hauptaufgabenbereiche beschrieben …
- ☐ … und erste Vorstellungen davon, wie Sie in Ihrer beruflichen oder privaten Tätigkeit Ihre Stärken mehr nutzen und mit Ihren Schwächen geschickt umgehen können.
- ☐ Sie haben eine Anleitung, wie Sie mit misslichen Situationen in Ihrem Umfeld umgehen können.

Alles gemacht? Gut! Dann geht's weiter!

Falls nicht, lesen Sie die letzten Seiten noch zu Ende – und fangen Sie wieder von vorne an!

Falls ja: Gratulation! Lesen Sie noch das letzte Kapitel „Wie geht es jetzt weiter?"

Es gibt im Leben zwei Dinge, die wichtig sind:
Erstens, das zu bekommen, was man will,
und zweitens, sich dann daran zu erfreuen.

LOGAN PEARSALL SMITH

Das Ziel

Eines Tages machten sich drei Fürsten gemeinsam auf den Weg zu Konfuzius, um von ihm zu hören, wie sich die Belange der Staatsführung und die Forderungen der Moral in Einklang bringen ließen.

Unterwegs erörterten sie miteinander dieses schwierige Problem, gerieten darüber in Streit und fassten schließlich doch einige vernünftige Vorsätze. Bei Konfuzius angekommen, trugen sie ihm ihre Frage vor.

Der Meister hörte sie an und schwieg dann beharrlich.

Da sagten die Fürsten unwillig: „Nun sind wir endlich am Ziel unserer beschwerlichen Reise und erfahren doch nichts. Sollten wir den Weg zu einem, der als ein Weiser gilt, etwa vergeblich gegangen sein?“

Der Meister antwortete: „Der Weg war das Ziel.“

Karl Julius Weber

VI. Abschluss

Wie geht es jetzt weiter?

Sie haben nun erfahren, wie Sie Ihre Talente zu Stärken entwickeln können und wie Sie mit Ihren Schwächen angemessen umgehen können, um noch erfolgreicher und zufriedener zu werden. Bei der weiteren Beschäftigung mit diesen Themen können Ihnen vor allem diese drei Punkte helfen:

Nicht in der Erkenntnis
liegt das Glück,
sondern im Erwerben der Erkenntnis.

EDGAR ALLAN POE

☐ Experte werden für die eigenen Stärken und Schwächen

Eine Stärke ist etwas, das Ihnen Energie gibt und Ihnen Freude macht. Alle Bücher, Tests und Coaches können Ihnen nur Ansätze geben, um sie zu finden. Letztlich entscheidend ist Ihr Gefühl: Nur wenn Sie sich bei der Ausübung einer Tätigkeit und danach gestärkt fühlen, ist es eine Stärke. Das Gleiche gilt umgekehrt für Ihre Schwächen.

Und für Ihr Gefühl gibt es nur einen Experten: Sie selbst!

☐ Mit anderen sprechen

Sprechen Sie mit anderen über Ihre Stärken, Schwächen und Ihre Vorhaben, Dinge in Ihrem Leben zu verändern. Lernen Sie von anderen und lassen Sie sie an Ihren Überlegungen teilhaben, damit sie verstehen, warum Sie nun etwas anders machen als bisher. Die abschließenden Entscheidungen treffen aber Sie – und sonst niemand!

Mit wem und wann werden Sie als nächstes darüber sprechen?

☐ Dranbleiben

Nehmen Sie sich immer wieder einmal etwas Zeit, um zu reflektieren, was gut und was nicht so gut gelaufen ist, was Sie in der kommenden Woche beibehalten oder anders machen wollen. Wichtig ist, sich diese Gedanken regelmäßig zu machen – vielleicht setzen Sie sich einfach einen festen Termin dafür.

Wann ist Ihr nächster „Jour fixe in eigener Sache“?

Zeit zum Nachdenken

Im alten China, so wird berichtet, hatte ein Bauer ein kleines Reisfeld oberhalb einer Schlucht. Täglich stieg er mehrmals in die Schlucht hinab, um Wasser für seine Felder hinaufzutragen.

Als die Europäer ins Land kamen und den Bauern seine mühsame Arbeit verrichten sahen, boten sie ihm an, eine Pumpe zu bauen, die ihm die ganze Last des Wassertragens ersparen würde. Der Bauer lehnte höflich ab. „Könnte ich nicht mehr Wasser tragen, so fehlte mir die Zeit – zum Nachdenken.“

Weisheitsgeschichte

Checkliste

Auf den folgenden Seiten finden Sie eine kleine Checkliste, die Sie bei Ihrer wöchentlichen Planung als Anleitung nutzen können. Nehmen Sie diese als Ausgangspunkt und verändern Sie sie im Laufe der Zeit so, wie es für Sie passend ist.

Das Glück besteht darin,
zu leben wie alle Welt
und doch wie kein anderer zu sein.

SIMONE DE BEAUVOIR

Woche vom .... bis ....

Vergangene Woche

Was schätzen Sie: Wie viele Stunden haben Sie Dinge getan, die Sie wirklich gerne tun?

Kommende Woche

Was ist Ihr Ziel? Wie viele Stunden möchten Sie in der kommenden Woche Dinge tun, die Sie wirklich gerne tun?

Stärken entwickeln:

Was hat bereits gut funktioniert?

Was hat noch nicht gut funktioniert? Wie werde ich es anders machen?

Mit Schwächen geschickt umgehen:

Was hat bereits gut funktioniert?

Was hat noch nicht gut funktioniert? Wie werde ich es anders machen?

Was fehlt noch für eine gute Woche der Stärken?

Mit wem werde ich mich über meine Fortschritte austauschen? Wann?

Woche vom .... bis ....

Vergangene Woche

Was schätzen Sie: Wie viele Stunden haben Sie Dinge getan, die Sie wirklich gerne tun?

Kommende Woche

Was ist Ihr Ziel? Wie viele Stunden möchten Sie in der kommenden Woche Dinge tun, die Sie wirklich gerne tun?

Stärken entwickeln:

Was hat bereits gut funktioniert?

Was hat noch nicht gut funktioniert? Wie werde ich es anders machen?

Mit Schwächen geschickt umgehen:

Was hat bereits gut funktioniert?

Was hat noch nicht gut funktioniert? Wie werde ich es anders machen?

Was fehlt noch für eine gute Woche der Stärken?

Mit wem werde ich mich über meine Fortschritte austauschen? Wann?

Und nicht vergessen: Erfolge feiern!

Feiern Sie Ihre Fortschritte! Belohnen Sie sich für erreichte Ziele!

Welches Ziel oder Zwischenziel streben Sie als nächstes an?

Woran können Sie erkennen, ob Sie dieses Ziel wirklich erreicht haben?

Wie/womit werden Sie sich belohnen, um diesen erreichten Fortschritt gebührend zu feiern?

Die Geschichte des Conte

Es lebte einmal ein Graf, der wurde sehr, sehr alt, weil er ein Lebensgenießer par excellence war. Er verließ niemals das Haus, ohne eine Hand voll Bohnen einzustecken.

Er tat das, um die schönen Momente des Tages bewusst wahrzunehmen und sie besser zählen zu können. Für jede positive Kleinigkeit, die er tagsüber erlebte – zum Beispiel einen fröhlichen Plausch auf der Straße, das Lachen einer Frau, ein Glas guten Weins –, für alles, was seine Sinne erfreute, ließ er eine Bohne von der rechten in die linke Jackentasche wandern.

Abends saß er zu Hause und zählte die Bohnen aus der linken Tasche, er zelebrierte diese Minuten förmlich. So führte er sich vor Augen, wie viel Schönes ihm an diesem Tag widerfahren war, und freute sich. Sogar wenn er bloß eine Bohne zählte, war der Tag gelungen – es hatte sich zu leben gelohnt.

Weisheitsgeschichte

Zum Abschluss hier noch einmal in Kurzform, wie Sie weitermachen können:

- ☐ Stärken weiterentwickeln
- ☐ Mit Schwächen geschickt umgehen
- ☐ Stärken und Schwächen in Bezug auf berufliche Hauptaufgaben einsetzen
- ☐ Wochenplan mit Fragenkatalog regelmäßig bearbeiten

Wenn Sie nun alle Tipps aus diesem Buch verinnerlicht haben und die Übungen regelmäßig wiederholen, steht Ihrem Glück und Erfolg, sei es nun beruflich oder privat, nichts mehr im Weg.

Und uns bleibt nun nur noch, Ihnen Folgendes zu wünschen für Ihr weiteres Vorankommen:

Viel Erfolg!